D1731845

Arend de Vries | Christian Stäblein (Hg.)

BUß-BILDER
Johanneskapelle Kloster Loccum

Bibliografische Information Der Deutschen Nationalbibliothek

Die Deutsche Nationalbibliothek verzeichnet diese Publikation in der
Deutschen Nationalbibliografie; detaillierte bibliografische Daten sind
im Internet über http://www.dnb.de abrufbar.

Gestaltung: Marc Vogelsang, Lutherisches Verlagshaus GmbH, Hannover
Bildnachweise: Michael Uphoff, Vöhrum
Druck und Bindung: CPI – Clausen & Bosse, Leck

ISBN 978-3-7859-1138-9 (nur Hardcover-Ausgabe)

Printed in Germany

www.kloster-loccum.de

Arend de Vries | Christian Stäblein (Hg.)

BUß-BILDER
Johanneskapelle Kloster Loccum

LVH

Inhalt

Hermann Buß in Loccum.

Über den Weg war er mir gelaufen, als ich vor Jahren auf Langeoog war. Der damalige Pastor von Mehring hatte am Altar ein Gemälde von Hermann Buß stehen, das künftig das Altarbild sein sollte. Es gab ein hitziges Gespräch in der Kirche zu dem Bild. Man sieht ein offenbar gekentertes großes weißes Passagierschiff. Eine Menschenmenge davor. Im Vordergrund ein Tisch, weißes Tischtuch, Stuhllehnen. Der Schiffsmast hat ein unmerkliches Kreuz oben. Kann man viel hineinfantasieren. Jeder für sich.

1998 in Adorf/Ostfriesland weihte ich im Januar als Landesbischof das neue Altarbild von Hermann Buß ein. Eine winterlich schwache Sonne, die Straße mit Schnee, ein Landschaftsbild, rechter Flügel, eine Ansammlung von Menschen, wie in einem KZ. Ein sprödes Werk. Aber die Möglichkeit, die eigenen Seherlebnisse mit der Bibel zusammenzudenken.

In Loccum haben wir im alten Laienrefektorium die Gemälde von Eduard von Gebhardt. Biblische Szenen zur Inspiration der jungen Theologen. Lauter Portraits von Loccumern, bis heute höchst populär. Nun kam einigen Konventualen des Klosters 2o11 die Idee, die zisterziensisch karge ehemalige Bußkapelle mit vier großen Gemälden von Hermann Buß auszustatten. Beachtlich. Ich konnte mir das gut vorstellen. Seine sehr präzise gemalten Objekte und ihre skurrile Zusammenstellung würden zur Besinnung anregen. Also beauftragten wir den Künstler. Für die Kosten brauchten wir Sponsoren. Nun haben wir in unserer Johanneskapelle die vier zum Nachdenken geeigneten großen Gemälde von Hermann Buß. Die Luccaburg aus dem Klosterwald ist in ein großes Meer verschoben worden. Drei Raben, siehe Christian Stäbleins Andacht, regen zum Nachdenken an.

Gott, der Herr, segne die Wirkung der Bilder.

Hermann Buß malt keine religiösen Bilder. Und seine Bilder sind schon gar keine religiöse Auftragsmalerei. „Malen ist Nachdenken über die Welt", sagt Hermann Buß. „Malend reagiere ich auf die Welt, wie ich sie wahrnehme, auf das Leben, wie ich es erfahre."

Hermann Buß hat Loccumer Bilder gemalt. Bilder vom Kloster – Klosterbilder. Aber die Bilder sind nicht einfach Abbildungen, auch wenn sie noch so detailgenau sind. In jedem Bild finden sich Brechungen, optische Störungen, die für den Betrachter anstößig werden, weil sie anstoßen, die abgebildete Wirklichkeit anders zu sehen. Hermann Buß lebt in Norddeich, unmittelbar hinter dem Deich. Nur wenige Schritte, dann steht er an der Nordsee. Das Wasser als Konstante, als Symbol für Werden und Vergehen, für Leben und Tod, für Gefahr und Bedrohung, findet sich in den Bildern von Hermann Buß immer wieder. Auch in den Loccumer Bildern.

Es sind keine religiösen Bilder, die Hermann Buß malt. Doch der Betrachter entdeckt beim zweiten Hinschauen religiöse Dimensionen, die im Blick des Malers auf die Wirklichkeit der Welt aufscheinen. Auch das gehört zur „Kunst" in den Bildern von Hermann Buß, dass sie den Betrachter nicht festlegen, sondern die Bilder deutungsoffen bleiben. Sein entscheidender Impuls ist, wie er sagt, „Fragen zu stellen nach dem, was wesentlich ist".

So verstanden sind die Bilder von Hermann Buß genau richtig für die Johanneskapelle, die Bußkapelle der Mönche im Kloster Loccum. Wer nach dem Wesentlichen fragt, wer sich nicht zufrieden gibt mit dem, was sich einfach abbilden lässt, der kann einen neuen Blick gewinnen – und das ist der erste Schritt zur Richtungsänderung, zu Umkehr, zu Buße.

„Nie gibt es für das Verständnis eines Bildes nur den einen gültigen ‚Schlüssel'. Jeder Betrachter sollte seinen eigenen Zugang finden. Mein Rat an ihn lautet: Nicht so sehr über die Bilder nachdenken (oder gar nach den Intentionen des Malers fragen!), sondern mit ihnen nachdenken. Ich setze auf das Bild als Spiegel der Selbstreflexion."

■ ■ ■

Hermann Buß, geb. 1951, lebt und arbeitet in Ostfriesland

Landeskirchliche Würdigung der Bilder in der Johanneskapelle zu Loccum aus der Perspektive von Kirche, Kunst und Kultur

■ Dr. Julia Helmke

Die Neugestaltung der Johanneskapelle mittels des Künstlers Hermann Buß ist ein herausgehobenes künstlerisches und – aus der Sicht der Landeskirche – kunst- und kirchengeschichtliches Ereignis.

Zur Würdigung der Kunstwerke unter der Perspektive eines kirchlichen Dialoges mit Kunst und Kultur möchte ich zitieren, was die 24. Synode der Ev.-luth. Landeskirche Hannovers in ihrem umfangreichen Grundsatzpapier der Landessynode zu Kultur grundlegend festgehalten hat: *„Das Bündnis mit den Künsten bringt zugleich das Geistige zur Sprache. Die Künste bewahren Spuren des Transzendenten auf und geben den Blick frei auf das, was Menschen unbedingt angeht, zur Vergewisserung von Sinn und was zur Beschreibung des Zweifels hilft."* (Nov. 2011)

Konkret wird daraus gefolgert: *„Die Evangelisch-lutherische Landeskirche Hannovers ist aufgrund ihrer bisherigen hochwertigen Arbeit insgesamt gut aufgestellt als einer der markanten Kulturträger, -förderer und -vermittler im Land Niedersachsen. Durch die Förderung nicht nur temporärer, sondern bleibender Arbeiten und herausragender, nachhaltig wirkender Vorhaben kann dies erhalten und noch weiter ausgebaut werden. Nicht zuletzt dient das kulturelle Engagement gerade auch der örtlichen Belebung und Erneuerung von Kirchengemeinden."*

Dies ist durch die Vergabe eines umfangreichen künstlerischen Auftrages an den ostfriesischen Maler Hermann Buß geschehen und kann hier als herausgehobenes Engagement von Kirche bewertet werden.

Zum anderen ist es kunsthistorisch fast einzigartig, dass ein Auftrag nicht nur zur Erstellung eines Bildes ergangen ist, sondern ein komplettes Raumgefüge umfasst. Dies knüpft an die Tradition des Gebhardt-Saals im Kloster Loccum an, ist landeskirchlich aber einzigartig. Eine ähnliche Herausforderung, einen sakral geprägten jahrhundertealten Raum insgesamt zu prägen, hat in Niedersachsen vor wenigen Jahren die Bremer Künstlerin Sybille Springer gewagt (und gewonnen) mit einer modernen Fassung eines alttestamentlichen Bilderfrieses in der Kirche zu Nettlingen/Hildesheimer Land.

Neben dem innovativen Moment ist in der Beauftragung von Hermann Buß jedoch auch ein starkes Moment der Kontinuität und Tradition vorhanden, welches zum Klosterjubiläum in Loccum passt. Hermann Buß hat seit der Gestaltung seines ersten Altarbildes 1990 in der Inselkirche zu Langeoog (wo er sich gegen zehn andere Entwürfe durchsetzte) an mehreren Orten insgesamt fünf ausdrucksstarke Altarbilder gestaltet, die das Altarbildprogramm der hannoverschen Landeskirche mit prägen. Seine Bilder in realistischer figurativer Weise gemalt, geben Raum frei für eigene Interpretationen, für eine direkte Begegnung mit Bild und Inhalt. Sie laden zum Fragen und Suchen ein. Dies ist es, was wir als Kirche in Zeitgenossenschaft für das 21. Jahrhundert brauchen. Buß' Altarbilder und andere Werke sind inzwischen in verschiedene Monographien und Publikationen eingeflossen und sowohl im kirchen- wie auch religionspädagogischen Bereich wird konstruktiv mit ihnen gearbeitet, so in der Veröffentlichung des Religionspädagogischen Institutes in Loccum: Steffen Marklein (Hg), „Starke Bilder", 2012.

Möge die Johanneskapelle ein lebendiger Ort für Dialoge werden und bleiben und einen Vorbildcharakter entwickeln für weiteres kirchliches Engagement im Bereich von zeitgenössischer Kunst im Kirchenraum!

■ ■ ■

Der Bilderzyklus von Hermann Buß in der Johanneskapelle des Klosters Loccum besteht aus vier großformatigen Gemälden, gefertigt in Ölfarbe auf Holz.

■ Bild I

Der Rundgang beginnt am Eingang der Kapelle auf der linken Seite: Ein Mann steht vor einer Mauer des Klosters. Er lehnt an einer aufgerichteten Betonplatte. Sie verstellt das Eingangstor bis auf einen schmalen Streifen. Hermann Buß stellt Menschen oft in Rückenansicht und alltäglicher Kleidung dar. Diese künstlerische Vorgehensweise erleichtert dem Betrachter die Identifikation. Er bleibt nicht unbeteiligt, kann sich nicht über das Bild stellen, sondern geht in die Bildwelt ein. Der Mann vor der Mauer wird nicht zum Gegenüber, weil sein Gesicht verborgen bleibt. Wir stellen uns vielleicht in

Gedanken neben oder hinter ihn. Vielleicht ist er verzweifelt und lehnt sich an seine „Klagemauer". Oder ist er nur erschöpft nach einer langen Laufstrecke? Fühlt er sich buchstäblich „eingemauert"? Oder ist die doppelte Mauer sein Schutz, eine Trutzburg gegen das Leben außen? Weitere Assoziationen stellen sich ein: Die uralten Mauern und die moderne Kleidung des Mannes bilden einen Gegensatz. In welchem Kontakt steht er zu seiner Geschichte? Zu seinen Wurzeln? In der dämmrigen Kirche sehen wir ein Baugerüst. Fühlt sich das Leben für dieses Individuum wie eine Baustelle an? Unfertig, im Neu-Werden, von Bruchlinien durchzogen? Für Hermann Buß bringt Kunst im besten Falle Fragen hervor. Sie lädt zur Erkenntnis ein. Die Bilder „sollen Anstoß geben, sollen irritierende und motivierende Projektionsfläche sein: als Fragensteller, Fragenauslöser, Fragenfinder", so der Künstler.

Der Mann hat keinen festen Boden unter den Füßen. Die schweren Mauern stehen im Schlick. Feuchte kriecht von unten in die Mauern, grüne Algen überziehen den Boden. Als hätte das Meer für eine Zeit den Blick auf seinen Grund frei gegeben. Das Grün steht im Kontrast zum Grau der Mauern. Ist es ein Zeichen der Hoffnung und des neuen Lebens? Oder deutet das modrige Mauerwerk auf Vergänglichkeit hin? Der wankende, sich ständig verändernde Boden könnte auch ein Zeichen des nahenden Todes sein. Bald kommt die Flut zurück und begräbt alles Leben. Aber er könnte auch als Bild für eine heraufziehende Veränderung gedeutet werden: Das Lebensfundament gerät in Bewegung, bald werden starre Mauern fallen und dem Menschen steht ein neuer Weg offen. Das Tor ist schon geöffnet, vielleicht schiebt sich die Betonwand jeden Tag ein Stück mehr beiseite. „Porta patet, cor magis" lautet der Spruch des Zisterzienserordens: „Die Tür steht offen, das Herz noch mehr." Hermann Buß verschränkt in seinen Bildern die Welten vor und hinter den Klostermauern. Das Kloster ist nicht einfach „Rückzugsort" vom anstrengenden „Draußen", sondern ein Ort, an dem „Lebensalltag" in all seinen Dimensionen geäußert, verändert und erneuert werden darf.

■

■ Bild II

Das zweite Bild des Zyklus führt in eine Winterlandschaft. Wieder
kehrt die zentrale Figur des Werkes dem Betrachter den Rücken zu.
Die Anonymität der Person ist durch die Kapuze gesteigert. Die Kleidung weist vielleicht darauf hin, dass der Mann im Bild seine Identität
verbergen möchte. Der Punkt, an dem sein Weg begann, liegt außer-
halb des Bildes, ebenso das Ziel. Nur die Spuren im Schnee zeugen
von zurückgelegten Schritten. Wir sind eingeladen, das Bild zu ergän-
zen, in den Spuren zu gehen oder abzuweichen, andere Wege zu be-
schreiten. Der Mann geht allein. Er durchschreitet in einem schmalen
Korridor Bilder und Requisiten, die auf Zivilisation hinweisen, und
lässt sie hinter sich. Links von der Figur hat der Künstler einen sur-
realen Durchblick in eine Großstadtszene platziert. Das Element der
Betonwand aus dem ersten Bild ist hier formal aufgenommen – es
kehrt in allen vier Bildern wieder. Wie durch ein Fenster blickt der
Betrachter auf eine Menschenmenge, das Publikum eines nicht darge-
stellten „Events"? Er kann förmlich in die Szene eintauchen. Ein Mann
in blauer Kapuzenjacke wird von zwei Personen unter den Armen

gegriffen und fortgetragen. Die Masse scheint das nicht zu interessieren. Wurde der Mann als Demonstrant aufgegriffen und in Gewahrsam genommen? Oder kommen ihm zwei Personen zur Hilfe, weil er nicht mehr gehen kann? Sind die beiden Männer in Kapuzenjacke identisch? Auch an ein von Sprayern gestaltetes Element der Berliner Mauer lässt sich bei der Großstadtszene denken. Die grelle Farbigkeit der Stadt kontrastiert mit der leeren Eiswüste. Die Masse geht auf glühender Asche, wird verzehrt, der Mann wandert auf Eis. Ist er auf der Flucht oder geht er nach Hause? Rechts passiert er ein verlassenes Café. Die Tische abgedeckt, die Stühle sorgfältig gestellt. Das Eis an diesem unwirtlichen Ort ist getaut. Die Stühle sind leer, die Wärme der Gemeinschaft ist nur noch erahnbar. Sie erreicht die Figur in der Mitte nicht. Auf den Mann wartet eine Reise in die Kälte. Aber es ist auch eine verheißungsvolle Weite, die sich vor ihm öffnet. Es gibt Zeichen am Horizont, die Hoffnung geben: Eine klare Horizontlinie und links im Bild, weit entfernt, eine Burg im Eismeer.

Hermann Buß hat sich hier vom Steinhuder Meer und der Festung Wilhelmstein inspirieren lassen. Sie wurde im 18. Jahrhundert erbaut und diente als Verteidigungsbastion für den Kleinstaat Schaumburg-Lippe. Die Erhabenheit und Massivität der Festung ist hier auf einen kleinen Punkt am Horizont geschrumpft. Hermann Buß setzt ein Relikt aus vergangener Zeit als Objekt der Sehnsucht in weite Ferne. Auffällig ist auch in diesem Bild der fragile Untergrund, Eis, kein fester Boden. Gebrochen ist das Eis dort, wo sich vielleicht Bilder aus der Vergangenheit des Mannes ihren Weg ans Licht fast gewaltsam suchen. Eine christliche Ikonographie drängt sich in den Werken von Hermann Buß nicht auf. Zwar bedient er sich zuweilen entsprechender Motivik, aber seine Bilder müssen nicht religiös „decodiert" werden. Anklänge an christliche Traditionen lassen sich finden, wenn der Betrachter diesen Deutungsschlüssel für sich anwendet. Zu mir spricht hier ein Vers aus dem 31. Psalm, das Gebet eines Verfolgten zu Gott: „Ich freue mich und bin fröhlich über deine Güte, dass du mein Elend ansiehst und erkennst meine Seele in der Not, und übergibst mich nicht in die Hände des Feindes. Du stellst meine Füße auf weiten Raum."

▪ Bild III

Rechts vom Altar der Johanneskapelle sehen wir das dritte Werk aus dem Zyklus. Links auf dem Bild ist die Loccumer Klosterkirche zu sehen. Gegenüber der alte Friedhof des Klosters, auf die Darstellung der Grabsteine hat Hermann Buß verzichtet. Wieder führt uns der Künstler in eine Winterlandschaft. Spuren im Schnee markieren eingetretene Wege. Eine Menschengruppe verlässt den Friedhof durch das Tor in der Mauer. Rechts begrenzen steil aufragende kahle Bäume die Szenerie wie Totempfähle. Die „Totenpforte" der Kirche, aus der die Verstorbenen hinaus zu den Gräbern getragen werden, steht offen. Das Mauerelement aus Beton ist in die Totenpforte integriert. Sind es Gäste einer Trauerfeier, die nun ins Leben zurückgehen? Ein Mann bleibt an der Pforte stehen. Er blickt der Menge nach, schließt sich ihr aber nicht an. Unschlüssig verharrt er auf dem Weg zwischen den Lebenden und dem Bereich des Todes. Er steht am Scheideweg. Auch uns als Betrachtern stehen die Wege offen. Wir können auf den Mann zugehen. Aber uns auch in Gedanken in die Menge einreihen. In ihr aufgehen. Oft stellt Hermann Buß in seinen Bildern Menschen in

Gruppen dar. „Dann hat es den Anschein, als seien sie weniger auf der Suche nach sich selbst, eher Mitgetriebene. Einfach nur, um ‚dabei‘ zu sein, ... als hätten sie ihren eigenen Weg aus den Augen verloren“, so der Künstler. Der Mensch als „Herdentier“, unterwegs, mit dem gleichen Ziel wie alle anderen – oder ziellos? Er gehört dazu, geht in den Spuren der Mitziehenden, muss nicht mühsam neue Wege erschließen. Der Masse gegenüber steht auch hier wieder der Einzelne. Sie nimmt ihn gar nicht wahr. Die Suchbewegung des Mannes nach dem richtigen Weg vollzieht sich in Einsamkeit, die Kapuzenjacke fungiert wieder als Schutzmantel. Die Klosterkirche kann in verschiedenen Richtungen als Metapher gedeutet werden: Für eine Sinnsuche, die zu Stein erstarrt ist und Menschen nur noch begrenzt. Oder auch für den Ort der Verwandlung: Das Grab, in dem die geheimnisvolle Auferstehung sich vollzieht. Es steht offen, aber wir sehen nur ins geheimnisvolle Dunkel. Es ist eine Auferstehung in die Kälte hinein – aber auch auf ein hoffnungsvolles Blau zu, das sich hinter den kahlen Bäumen zaghaft Bahn bricht. Auf ein warmes Rot am Fachwerkhaus. Fern, aber erreichbar. Wieder lässt der Künstler uns selbst Wege in das Bild suchen und auch wieder heraus. Orte bleiben mehrdeutig. Die Johanneskapelle war vermutlich eine Bußkapelle, davon zeugt die Geißel an der Tür. Sie diente den Loccumer Mönchen zur Vorbereitung auf den Gottesdienst. Das griechische Wort für „Buße“ im Neuen Testament ist „Metanoia“. Es ist gleichbedeutend mit „Umdenken“ und meint eine Sinnesänderung, einen Perspektivwechsel mit tiefgreifenden Folgen für das Leben eines Menschen. Worauf richten wir unser Leben aus? Wem oder was kehren wir den Rücken zu? Für welchen Weg entscheiden wir uns? Im alltäglichen Sprachgebrauch wird „Buße“ oft mit Genugtuung, Reue, Rache oder Strafe in Verbindung gebracht. Die Bilder von Hermann Buß laden ein, die heilenden und hoffnungsvollen Aspekte der Buße im Neuen Testament wahrzunehmen: Innehalten auf dem eigenen Lebensweg, zurückschauen, einen Perspektivwechsel vollziehen. In den Schuhen anderer Menschen gehen, sich abseits von ausgetretenen Pfaden bewegen. Gott suchen, der mit offenen Armen wartet – wie der Vater auf seinen „verlorenen Sohn“.

■ ■ ■

■ Bild IV

Auf dem Weg aus der Kapelle hinaus passiert der Betrachter das letzte Bild des Zyklus. Es zeigt die Luccaburg, Keimzelle des Ortes Loccum. Erbaut und genutzt wurde sie vermutlich vom 9.-12. Jahrhundert. Die Reste der früheren Burganlage befinden sich etwa einen Kilometer südlich des Klosters in einem Waldgebiet. 1820 wurde der Burghügel zum Grabdenkmal für den 1818 verstorbenen Prior des Klosters Loccum, Carl Ludwig Franzen, umgestaltet. Eine steinerne Gedenktafel erinnert an ihn. Die Geschichte der Burg ist eng mit der Klostergeschichte verbunden: 1163 schenkte Graf Wilbrand von Hallermund, der eine Frau aus dem Geschlecht derer von Lucca geehelicht hatte, den Zisterziensermönchen das umliegende Land. Die Burg wurde vor der Klostergründung aufgegeben. Hermann Buß hat die freigelegte Ringmauer der Burg mit der Tafel in das Zentrum seines Bildes gerückt. Aber das Fragment der Burg steht nicht an seinem vertrauten Ort, sondern ist als Insel im Meer dargestellt. Erhaben ragt sie aus dem Wasser. Ist sie soeben aufgetaucht? Oder droht sie zu versinken? Hermann Buß arbeitet wieder mit dem Gestaltungsmittel der Verfremdung:

Vertrautes erscheint an andere Orte versetzt in einem neuen Licht. Gewohnte Bilder werden verstört und von anderen Sichtweisen durchkreuzt. Wer sich auf die neuen Perspektiven einlässt, kann die Erfahrung machen: Verunsicherung bringt mich in Bewegung, erweitert Wahrnehmung und Horizont. Mein Blick auf die Dinge ist nicht der einzige und endgültige. Die Festung Wilhelmstein auf dem zweiten Bild des Zyklus war weit entfernt. Hier ist das wehrhafte Gemäuer nahe herangerückt. Fast mit Händen zu greifen. Die Menschen sind völlig verschwunden, der Betrachter ist auf sich zurückgeworfen. Nur die Raben bleiben – in der Mythologie schillernde Boten der Weisheit, aber auch des Todes.

Inseln haben eine Faszination, die viele Menschen tief berührt. Ähnlich wie in einem Kloster gewinnen sie Abstand vom Alltag, können sich neu verorten. Abgeschieden zu sein vom „Festland" des eigenen Lebens übt einen Reiz aus. Inseln sind meist auf das Wesentliche reduzierte Landschaften: Land, Luft und Wasser. Umgeben von der Kraft dieser Elemente sind Menschen oft fasziniert und erschrocken zugleich. Nicht wenige beschreiben dies als Gotteserfahrung, als Begegnung mit etwas „Heiligem". Die Insel auf dem Bild von Hermann Buß ist allerdings kein Sehnsuchtsort mit Leuchtturm und Dünenlandschaft. Romantische Träume prallen an dieser Festung ab. Feuchtigkeit greift die Steine von unten an. Eine Reihe von Steinen liegt vor der Insel und muss vom Besucher überwunden werden. Die Tore führen ins Nichts, es gibt keinen Ort, an dem der Mensch Zuflucht findet. Es ist nur ein Ort, der vor dem Untergang rettet, zumindest auf Zeit. Oder eine Einladung, die Festung auszubauen und sich darin einzurichten? Für die Überfahrt gibt es ein steinernes Floß – wieder taucht die Betonwand auf. Es ist die einzige Brücke, die uns als Betrachter zur Insel bringen kann. Auf dem Floß liegen zwei Paddel in Kreuzform, wie zufällig abgelegt. Sie warten darauf, verwendet zu werden: Für die Überfahrt zur Insel oder zur Rettung eines Ertrinkenden? Vielleicht treibt das Floß aber auch an uns vorbei. Der Bilderzyklus von Hermann Buß birgt manches Geheimnis, das sich nur im Auge des Betrachters offenbart.

▨ ■ ▨

GENIUS LOCI.
Zum Loccumer Bilderzyklus von Hermann Buß

Prof. Dr. Bernd Wolfgang Lindemann

Vier Bilder in Lünettenform gestalten eine Kapelle, definieren sie neu. Es sind durchwegs Landschaften; drei mit sichtbar tiefem Horizont und Ausblick in die ferne Weite der Natur, eines mit dem nahgesehenen Ausschnitt mittelalterlicher Architektur, den Blick verstellend.

Nicht nur der Horizont in dreien der Bilder fasst die Kompositionen zu einer Folge zusammen – dies geschieht auch durch die Atmosphäre, die meteorologische Stimmung: Fahl verhangen sind die Himmel, dünne Schneedecken decken den Boden, im Übergang von Kälte zu Feuchte. Das Wetter am Tage der Einweihung wollte es, dass rings um Loccum just ein Wetter herrschte wie auf den Bildern von Hermann Buß, ein Wetter, bei dem man dankbar ist, wenn am Ende der Reise Behausung wartet.

Auf zwei der Kompositionen sehen wir eine Rückenfigur, auf einem weiteren eine Gruppe – ebenfalls sich in das Bild hineinbewegend. Die Rückenfigur im Bild: sie ist von der kunsthistorischen Literatur immer wieder behandelt worden. Sie verweigert uns einerseits den Kontakt, verbirgt mit ihrem Gesicht gerade das, was das Individuum am stärksten bestimmt, lädt uns jedoch umgekehrt dazu ein, ihrem Weg zu folgen, ihren Blick in das Bild zu teilen, sei es der auf die Ferne des Horizonts, sei es jener auf die schroff aufragende Platte, die den Pfad zur Kirchenpforte versperrt.

Das Gemälde rechts am Eingang jedoch ist menschenleer, und hier steigert sich der Eindruck von Einsamkeit noch durch die beiden

Ruder, die Riemen, die dort ohne ein dazugehörendes Boot im Vordergrund auf der Felsplatte abgelegt sind. Raben, vom Künstler erst spät in die Komposition eingefügt, sind die einzigen Lebewesen in diesem Bild, das, in dem epitaphartigen und so seltsam im Wasser liegenden Steinbau deutlich lesbar die Inschrift „GENIUS LOCI" trägt.

Loccum, ein ehemaliges Zisterzienserkloster, hat Kunst und Kultur dieses Reformordens wunderbar über die Jahrhunderte bewahrt. Geschätzt als fleißige, die Wildnis urbar machende Mönche siedelten die Zisterzienser fernab der Zivilisation, der großen Ansiedlungen. Ihr Armutsgelübde verbot ihnen allzu großen Aufwand in Architektur und Kunst: Ihre Kirchen durften sie nur ohne mächtige Türme bauen, ausschließlich kleine Dachreiter auf den Dachfirsten dienten der Unterbringung des Geläutes. Keinerlei bildliche Darstellungen, keinerlei Farbenpracht waren in ihren Glasfenstern geduldet, und so verdanken wir ihnen die schönsten Ornamentscheiben des Mittelalters, gehalten in reichsten Abstufungen von grau. Nun aber die Bilder von Hermann Buß! Sicher: seit langem schon ist Loccum der zisterziensischen Strenge entpflichtet, und doch: die Stimmung der Bilder, die reduzierte Palette, der Umgang mit der menschlichen Figur – all dies fügt sich wunderbar hier ein, widerspiegelt den *Genius Loci* mönchischer Strenge auf überzeugende Weise, freilich übersetzt auch in die zeitgenössische Bestimmung des Klosters.

In Seitenkapellen der italienischen Kirchen aus Renaissance und Barock begegnet uns jenes Dekorationsmuster, das in den Loccumer Bildern von Hermann Buß wiederkehrt. Wir betreten intime Räume und sehen die Seitenwände geschmückt mit Darstellungen, die Bezug nehmen auf die Thematik des Altarbildes. Nicht selten zeigen sie narrative Szenen, biblische Erzählungen oder Episoden aus Heiligenviten. Und durchaus darf hier die Landschaft eine Rolle spielen, die vor Caspar David Friedrichs „Kreuz im Gebirge" auf Altären nichts zu suchen hatte – und selbst dann von der zeitgenössischen Kritik noch übelst getadelt wurde. Auch die Loccumer Bußkapelle lässt sich als Erbe dieser Tradition sehen. Wieder ist der Raum nicht monumental, seine Tiefe beträgt gerade einmal zwei kreuzgratgewölbte Joche. Die Mitte, der Platz für das Altarbild, freilich bleibt in Loccum leer. Es war ein weiser Entschluss von Maler und Auftraggeber, in der Tat Bilder nur für die seitlichen Wände zu bestimmen: so mag man das Fenster an der Stirnwand als die eigentliche Entsprechung zu den Gemälden von Hermann Buß begreifen, dieses einzige Fenster, durch das die Kapelle natürliches Licht erhält – und umgekehrt die Bilder als Entsprechung zu dem Fenster: seit Leone Battista Alberti dies im 15. Jahrhundert so formuliert hat, dürfen wir ein Bild wie ein Fenster begreifen, wie eine Öffnung in eine andere Wirklichkeit, die jedoch zu unserer sich kompatibel verhält.

Die eigenständige Landschaft als Raumdekoration: Wie die autonome Landschaft selber ist auch dies keineswegs eine sehr alte Gewohnheit der Malerei. Von jenen bereits erwähnten Beispielen an den Seitenwänden italienischer Kapellen abgesehen (wo die Landschaft freilich sich immer legitimiert durch das eigentliche Geschehen aus Heilsgeschichte oder Legende) hat erst um die Wende zum 17. Jahrhundert das Landschaftsbild als fester Bestandteil von Interieurdekorationen Einzug, in Form von Bildfolgen und Bildzyklen. Paul Bril malt Eremitagen hoch oben an die Wände des päpstlichen Appartements im Vatikan, Claude Lorrain liefert gemeinsam mit Herman van Swanevelt Arbeiten für den Buen Retiro in Madrid – und abermals, neben mythologischen Themen, oft genug Einsiedeleien. Und als Paraphrasen auf Darstellungen eremitischen Lebens lassen sich die Loccumer Bilder von Hermann Buß ja durchaus auch begreifen, und so hätten wir ihn wieder, den *Genius Loci* klösterlicher Abgeschiedenheit.

Nicht alle Bildformate übrigens sind zu allen Zeiten gleichermaßen gebräuchlich. Das vollkommen ausgewogene Quadrat zum Beispiel mieden die Künstler über Jahrhunderte ebenso wie das allzu steile Hochformat – beides begegnet wohl nicht zufällig um die Wende vom neunzehnten zum zwanzigsten Jahrhundert, wohl angeregt durch fernöstliche Kunst. Hermann Buß fügte sich bei seinen Bildern dem Vorgefundenen: er akzeptierte die durchaus schwer zu bewältigende Lünette, vorgegeben durch die Kreuzgratwölbung der Loccumer Kapelle. So entstanden Gemälde in für das 21. Jahrhundert höchst

ungewöhnlichem Umriss (die zudem ob ihrer Größe im beengten Raum des Buß'schen Ateliers nicht leicht zu bewältigen waren).

Wer mit Arbeiten von Hermann Buß vertraut ist, der erkennt seine Kunst in den Loccumer Arbeiten wieder. Immer ist es die Szenerie seiner unmittelbaren Umgebung, seiner Lebenswelt, die er in seinen Kompositionen verarbeitet – nicht im Sinne von Wiedergaben, sondern durch Perspektivenwechsel oder Kombinatorik in seine eigene Bildsprache überführend. Es ist unmöglich, die Bilder von Hermann Buß auf einen eindeutigen Sinn zu reduzieren; sie sind offen für unsere Betrachtung und für unser je eigenes Verständnis. Ich will hier nicht spekulieren über mögliche Vorbilder oder Anreger – Arnold Böcklin käme mir in den Sinn, Franz Radziwill vielleicht auch –, habe den Künstler auch nicht danach befragt, da es mir nicht wichtig war. Wie kamen die Raben in das Bild? Sie waren, wie Hermann Buß sagt, notwendig, nicht um dem Bild einen speziellen Sinn zu geben, sondern weil sie einfach dort sein mussten. Malen ist Denken ebenso wie Schreiben: Picasso, gefragt, wie er seinen neuartigen und revolutionären Stil erfunden habe, antwortete, er sei malend zum Kubismus gekommen. So ist es auch mit den Arbeiten von Hermann Buß. Fragen wir den Künstler nicht nach Sinn und Absicht, sehen wir ihm beim Denken zu, vertiefen und verlieren wir uns in seinen und den Loccumer *Genius Loci*.

■

Vortrag zur Einführung des Bilderzyklus von Hermann Buß
in der Johanneskapelle im Kloster Loccum am 15. Dezember 2012

Sehr geehrte Damen und Herren,

Nein, die in christlicher und kirchlicher Umgebung geläufigen Bildchiffren wird man bei Hermann Buß vergeblich suchen. Da sind, auf den ersten Blick jedenfalls, keine Verweise auf biblische Zusammenhänge oder kirchengeschichtliche Erinnerungslinien. Der Maler ist kein Verkündiger, ist kein Prediger, sagt Hermann Buß. Vor allem aber auch: Das Bildrepertoire einer jahrhundertelangen großartigen Kunst- und Kulturgeschichte, die die je eigene Lebenserfahrung in den Erzählungen biblischer Geschichte zu erfassen suchte, ist ausgereizt. Wer könnte, nach den großen Italienern der Renaissance und den detailbesessenen Malern des niederländischen Barock, sich noch anmaßen nach Aufklärung und Postmoderne gegenwärtiges Leben im biblischen Rückblick zu entschlüsseln? Nein, Hermann Buß geht einen anderen Weg. Aktuelle, möglichst genau auch örtlich fixierte Realität versucht er umzugraben. Ihrer Oberfläche will er sie berauben, um den äußeren Schein festzuhalten und doch dahinterzuschauen, um Grundfragen der Bewältigung des Lebens freizulegen. Das schließt den Auftrag ein, Vergangenheit zu bewältigen und Utopien für die Zukunft zu liefern. Kunst ist, das wird bei Buß glasklar deutlich, damit in dem Traum vergleichbar. Er schafft Rationalität durch einen irrationalen Prozess. Am Ende einer intensiven sinnlichen Erkenntnis sieht sich der Betrachter vor tiefgehenden Fragen, an die er seine eigenen Fragen anschließen kann, um irgendwann seinen Lebensort und seinen eigenen Lebenssinn zu erweitern.

Dem theologischen Exegeten dieser Bilder stellt Hermann Buß aber mit dieser Sicht- und Malweise gefährliche Fallstricke. Denn die Kirchen aller Konfessionen sind, noch immer, muss man eigentlich sagen, primär Antwort-Kirchen. Und Theologie und Predigt haben das zu vertreten. Woher kommen wir? Wer sind wir eigentlich? Wohin wird es gehen mit mir und mit dieser Welt? Antworten auf diese Grundfragen menschlichen Lebens wollen die Menschen von den Kirchen wissen. Der Zweifel hat in den Kirchen nur einen marginalen Raum. Und so droht der Bildwelt des Hermann Buß, vor allem in seinen Altarbildern, merke ich, durch seine Betrachter die theologische Banalisierung. Es ist die Gefahr der vorschnellen Antworten auf die gestellten Fragen. Ich will es konkret machen, auch im Hinblick auf die Loccumer Bilder. Eine der Grunderfahrungen des Hermann Buß ist offenbar, deshalb ist er auch so sesshaft geworden, das sinnliche Erlebnis des Weges. Auf vielen seiner Bilder sind Menschen unterwegs, sind Straßen zu sehen. Wegerichtungen sind angedeutet. Die Metapher des Weges ist, im inneren und im äußeren Unterwegssein, eine umfassende existentiale Kategorie. Aber ich muss mir, um seine Tiefe auszuloten, meine Tage im Januar 1945 auf der Flucht aus Ostpreußen wieder vor Augen stellen. Keine Ahnung wo man ankommen wird, kein sicheres Quartier eines Zuhause. Die Metapher des Weges aber ist für Menschen, die längst am Ziel sind oder sich am Ziel wähnen, theologisch schnell zu erledigen. Wenn ich zu verkündigen habe, dass Christus der Weg, die Wahrheit und das Leben ist, dann scheinen sich die Bilder von Hermann Buß wie von selbst auszulegen. Aber ich verspiele damit ihren Tiefgang, ihre sinnliche Erlebniswelt. Das ist das, was ich die Gefahr einer theologischen Banalisierung nannte. An die Exegeten in den Kirchen, und also auch hier im Kloster Loccum, stellen die Bilder von Hermann Buß die große Zumutung, die Spannung vor der ausbleibenden Antwort eine lange Zeit lang auszuhalten. Vielleicht sogar dadurch, dass man die Fragen noch verschärft. Erst so, vermute ich, kommt es wirklich zum Dialog von Kirche und Kunst. Kommt es zu der wechselseitigen Bereicherung, die beide Seiten – wenn das Gespräch wirklich greift – voneinander erwarten können.

Ich greife nur zwei Bereiche heraus, die mir bei der Betrachtung der vier großformatigen Bilder in der Johanneskapelle in Loccum sofort ins Auge gefallen sind. Der eine ist die Erfahrung von Anonymität. Das ist doch eigentlich verwunderlich: In einem Kloster, das heute ein Predigerseminar ist und mit zwar großen, aber doch überschaubaren Gruppen arbeitet, hängen Bilder, die die Identifikation mit dem Anonymen suchen. Von hinten sehen alle ähnlich aus, die große Distanz macht sowieso eine individuelle Erkennbarkeit unmöglich. Und selbst in dem von einem warmen Rot durchpulsten Gruppenbild, das man am liebsten ein Pfingstbild nennen würde, treten einzelne Personen nicht hervor. Präzise Lebensbeobachtung drückt sich in solchen Bildern aus, denke ich sofort, die das Individuum in einer Massengesellschaft im Sehen der anderen sich seines eigenen Umraumes vergewissert. „Ich bin ich, und du bist du; ich bin nicht in der Welt, um die Erwartungen anderer zu erfüllen, und wenn wir uns durch Zufall treffen, ist das in Ordnung; wenn nicht, so ist dagegen nichts zu tun." Das ist die Grundregel anonymen Lebens in einer urbanen Gesellschaft, die selbst längst auf die Dörfer übergegriffen hat. Wenn die Anonymität nicht mit Rücksichtslosigkeit einhergeht und diese provoziert, ist sie vielleicht eher ein versteckter Hinweis auf die Erkenntnis, die der jüdische Philosoph Emmanuel Lévinas einmal so formuliert hat: Einem Menschen zu begegnen, bedeute, von einem Rätsel wachgehalten zu werden.

Sie merken: Ich versuche möglichst lange bei der unaufgelösten Spannung der Bilder zu bleiben. Dazu kommt bei mir noch ein weiterer Einfall. Peter Sloterdijk hat in seinem umfangreichen, dreibändigen Hauptwerk „Sphären", nach meinem Eindruck überzeugend, dargelegt, dass sich im Übergang von der griechischen, platonischen Ästhetik zur christlichen nicht nur ein thematischer, sondern ein grundsätzlicher Paradigmenwechsel vollzieht. Bei Plato wird die Gestalt durch ihre Schönheit zum Medium göttlicher Erscheinung. Der Mensch ist in seiner sinnlichen Erscheinung nur dort gottähnlich, wo er zum Medium der Urbilder der Schönheit, der Wahrheit und des Guten wird. Das Streben nach der Wahrheit ist also immer, wie man es auch in der orthodoxen Ikonentheologie erleben kann, als Heimreise vom

Abbild zum Urbild hin auszulegen. Mit dem Christentum vollzieht sich, auch und gerade in der Ästhetik, ein Modellwechsel. Es ist der radikale, auch natürlich philosophisch zu begründende Übergang vom Urbild zur Urszene. Nicht die Person des Gottmenschen Jesus von Nazareth steht isoliert im Mittelpunkt der Bilder. Und wenn, wie so häufig dann doch, nur in bestimmten Situationen und Szenen. Als Kind in der Krippe oder auf dem Schoß der Mutter, als „Ecce homo" bei der Vorführung durch Pilatus, am Kreuz von Golgatha, bei der Auferstehung. Die ganze Bibel von der Weltschöpfung bis zum Weltgericht wird als eine Aneinanderreihung von Urszenen zur Grundlage der Bildproduktion über die Jahrhunderte hinweg. Die Offenbarung der göttlichen Wahrheit ist dramatisch und ist geschichtlich, und hat eine derart intensive Auswirkung und Nachwirkung gehabt, dass sie auch in einem sogenannten nachchristlichen Zeitalter noch nicht zu Ende zu sein scheint. Die unergründliche Trauer einer Mutter um ihren Sohn verdichtet sich noch immer im Bild der Pietà, und die Porträtkunst steht noch heute im Spannungsfeld ihrer Entstehung (siehe Dürer) zwischen dem Hoheits- und dem Niedrigkeitsgestus des „Ecce homo". Und geht es Ihnen auch so, dass Sie – nahezu – automatisch in den Gruppendarstellungen des Hermann Buß, zumal am Rand einer Kirche oder in den Räumen eines Klosters, die Urszenen der Jüngerschar ahnen, die sich gerade verzweiflungsvoll zerstreut („Wollt ihr auch weggehen", sagt Jesus)? Oder die Communio einer ersten Gemeinde, von der es heißt, sie sei ein Herz und eine Seele und habe alles gemeinsam?

Aber die Bildwelt der Loccumer Bilder des Hermann Buß ist damit – in diesem kommunikativen Bereich – mit Sicherheit noch nicht voll erfasst. Da sind die leeren Stühle um einen Tisch herum, die darauf warten, dass Menschen sich darauf niederlassen und sich in ein Gespräch vertiefen. Da sind die Blicke, die sich von den Menschen in den Gruppen nach draußen richten. In der Erfahrung von Anonymität schreit alles nach einem „Mehr". Die christliche Seh-Schule, die davon herkommt, dass Gott sich für jede einzelne Seele interessiert, darf unter den gegebenen Prämissen des gemeinsamen Lebens an einem Ort und in einem Land an die Aufmerksamkeit von ihresgleichen appellieren.

Geht es Ihnen auch so, dass Sie manchmal einen Menschen vor Ihnen, dessen Gang und Gestalt Sie interessiert, zu überholen suchen, um sein oder ihr Gesicht zu sehen? Durch das Gesicht wird der anonyme Mensch einmalig und unverwechselbar. Gesichter offenbaren – nach Lavater zumindest – den Charakter und die Prägung des Menschen. Gesichter können auch enttäuschen, geprägt von den Weltmächten Entleerung und Entstellung. Die Deformation durch den Erfolg, das Dauergrinsen der Sieger, ist auch nur schwer auszuhalten. Aber den Urszenen der christlichen Begegnungsgeschichte ist die Sehnsucht nach einer Öffnung der Gesichter eingestiftet. Unauflösbar ist in diese Geschichten um Jesus von Nazareth eingeflossen, dass Menschen ihr Gesicht nicht für sich selbst, sondern für die anderen haben. Eine große Sehnsucht nach der Geschwisterlichkeit des Lebens spüre ich in den Bildern von Hermann Buß. Das ist die Rationalität durch die Irrationalität der Bilder und Träume, von der ich anfangs sprach.

Den anderen Bereich, der mich bei den Bildern von Hermann Buß außerordentlich beschäftigt, kann ich jetzt zum notwendigen Ende meiner Einführungsrede nur noch streifen. Es ist das Thema der Räume, das mich nicht loslassen wird. Merkwürdig ist es, dass in der Zweidimensionalität eines Bildes die mehrdimensionale Gestalt von Räumen eine so beherrschende Rolle spielt. Aber wer könnte sonst schon die normale Dominanz des Zeitlichen in unseren Reflexionen durchbrechen, wenn nicht die Maler und Bildhauer, die elementar an einer Umwandlung der Raumerfahrung arbeiten. Und Hermann Buß wäre nicht der Ostfriese, wenn er nicht neben die Kulturräume der Zisterzienserkirche und des Zisterzienserklosters die Naturräume stellen würde. So dass er die Ruinen der Burg Lucca glatt auf eine Insel im Meer verlegt, meinetwegen auf den Wilhelmstein im Steinhuder Meer.

Was mir aus den Bildern von Hermann Buß beim Thema Räume sofort ins Auge springt, ist ihre unmittelbare Unzugänglichkeit. Es mögen Wege hinein und heraus führen, aber sie sind nicht so einfach zu begehen. Das haben alle Autoren bei dem gerade veröffentlichten neuen Band der Loccumer Geschichten gespürt, dass diese Erlebniswelt der vergangenen 850 Jahre und die daraus gewachse-

nen Gestalten praktisch unausschöpfbar sind. Das hängt sicher damit zusammen, dass dies alles keine Erfahrungen eines absoluten, sondern eines relativen Raumes sind. „Im Raume lesen wir die Zeit", hat der Zeitgeschichtler Karl Schlögel sein schönes Buch über Zivilisationsgeschichte und Geopolitik genannt. Die Bauten des Loccumer Klosters spiegeln nicht nur zeitgebundene ästhetische Prinzipien der Einfachheit und Klarheit, sondern werden auch zu einer sichtbaren Gestalt einer Frömmigkeit, die die Urszenen des christlichen Lebens- und Weltverständnisses nachzuspielen versucht. Und wie man den Naturraum als Entfaltung der biblischen Schöpfungsgeschichte lesen kann, zeigen viele Psalmen. Die Unzugänglichkeit der Räume macht sie nun aber nicht zu Orten eines unbetretbaren Jenseits, sondern spannt die Seelen weit aus, bis hin zur Utopie.

Wenn Sie mich abschließend fragen, wie ich die Bildwelt des Hermann Buß, speziell auch in seinen Loccumer Bildern zusammenfassend erlebe, dann antworte ich: Hermann Buß ist ein Hüter der Sehnsucht. Meine Identität ist in der Sehnsucht. Von dem her, der ich bin, bin ich auf dem Weg zu dem hin, der ich von Gott her sein werde. Die Sehnsucht nach einem neuen Himmel und einer neuen Erde ist der Grundimpuls, der Glaubende und Christen am Leben hält. In Szenen unserer Gegenwart sehe ich Hermann Buß, verborgen, aber deutlich erkennbar, die Urszenen unseres Glaubens malen. Das Umgraben der aktuellen Oberflächen hat sich gelohnt, und ich bin dem Künstler zutiefst dankbar für großartige Bilder.

▦ ■ ▦

■ Andacht I

Du bist in Gottes Bild und Blick

Du bist gemeint. Du bist im Bild. Das macht der Düsseldorfer Maler Eduard von Gebhardt deutlich. Vor über 200 Jahren malte er den damaligen Kollegsaal des Predigerseminars im Kloster Loccum aus. Und immer wieder wird deutlich: Du bist gemeint, Du bist mit im Bild. Auf von Gebhardts Bildern zu sehen sind Stationen aus dem Leben Jesu. Wie Jesus auf dem Berg predigt, wie er die Händler aus dem Tempel vertreibt, die Hochzeit zu Kana, die Heilung eines Gelähmten. Wenn man sich ein bisschen in der Klostergeschichte auskennt, entdeckt man bald, dass die Personen Menschen aus der Zeit des Malers sind. Der Maler hat Loccumer porträtiert und in die biblischen Gemälde eingefügt. Da stehen dann die damaligen Pfarramtskandidaten neben Jesus und lauschen. Der See unterhalb des Berges ist nur scheinbar der See Genezareth, wer von Wunstorf nach Loccum fährt, erkennt den schönen Blick aufs Steinhuder Meer. Wo Jesus spricht, bist Du im Bild – so erzählen diese Bilder unverhohlen.

Zum 850-jährigen Jubiläum des Klosters Loccum hat nun ein zeitgenössischer Maler diese Tradition fortgeführt. Hermann Buß hat vier große Bilder gemalt. Sie füllen die Wände der Johanneskapelle. Suchend geht der Maler Hermann Buß mit uns auf den Weg.

Dieser Weg endet auf einem Bild mal abrupt durch ein Mauerstück vor der Klosterkirchentür, auf einem zweiten Bild führt er in die Weite eines zugefroren scheinenden Sees. Leere Stühle im Vordergrund, eine Insel am Horizont. Ein Mensch geht dort. Ein Rucksack in der Hand. Eine Kapuze auf dem Kopf. Schließlich, auf dem dritten Bild: eine Gruppe geht an der Nordseite der Kirche entlang. Einer aus der Gruppe bleibt zurück. Warum? Er sieht den anderen nach. Am Himmel ist ein Stück Blau zu ahnen.

Wir sehen einzelne Personen auf den Bildern stets von hinten. Ihr Rücken bietet uns an, innerlich mitzugehen. Sozusagen Rücken neben Rücken. So werden die Fragen, die die Bilder stellen, unsere. Was steht im Weg auf dem Weg meines Glaubens? Wo stellt Gott meine Füße auf weiten Raum? Gehöre ich dazu? – Du bist im Bild. Du bist im Blick Gottes. Das ist für mich die Botschaft auch dieser faszinierenden Bilder von Hermann Buß. Es ist die Botschaft dieses Klosters in Loccum: Du suchst Gott auf dem Bild? Gott sucht Dich auf – in seinem Bild.

■ Andacht II

Kein Bildnis

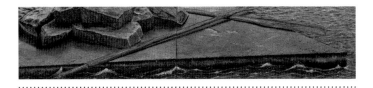

Du sollst dir kein Bildnis machen – das alte Bilderverbot ist für meinen Glauben fundamental. Denn: Bilder fixieren, fesseln. Gott aber ist ein lebendiger Gott, frei. Er lässt sich nicht binden daran, wie wir ihn uns vorstellen, er ist nicht so, wie wir ihn uns wünschen oder wie wir ihn uns in unserer Angst ausmalen. Du sollst dir kein Bildnis machen – dieses Gebot fordert uns heraus. Denn wir Menschen sind ja

Bildermacher. Stets tragen wir in uns Selbstbilder, Idealbilder, Feindbilder – ja auch Gottesbilder.

Manchmal – so komisch das klingt – sind es Bilder, die an das alte Bilderverbot erinnern. Etwa die des norddeutschen Künstlers Hermann Buß. Vier großformatige Bilder hat er für die Johanneskapelle im Kloster Loccum gemalt. Sie füllen jetzt diesen kleinen Kapellenraum bis an die Gewölbedecke. Was ist auf ihnen zu sehen? Ein Steinfloß, das nicht untergeht. Ein zugefrorener See, unter dem es feurig zu brodeln scheint. Eine Klosterkirchenansicht, die es so in echt gar nicht gibt. Eine Tür, die verstellt ist von einem einzelnen Mauerstück. Eine Burgruine, die aus dem Meer ragt.

Der Betrachter stolpert schnell, das Vertraute entzieht sich. So trägt das Floß gewaltige Felsbrocken, doch es sinkt nicht. Wer hier Eindeutiges fixieren wollte, müsste theologische Banalitäten raushauen. Die Bilder geben das nicht her. Sie ziehen den Betrachter ins Offene, verstricken ihn. Was wollen die Bilder sagen, werde ich manchmal gefragt. Hat der Künstler nichts dazu gesagt? Hat er nicht, wird er wohl nicht. Wenn ich die Kapelle betrete, werde ich meistens ganz still. Ich fange an, über die Details zu staunen, die der Maler real surreal auf die Leinwände gebracht hat. Ausgewaschene Sandkurven am Fuß des Mauerstücks etwa. Ich spüre Sehnsucht in mir aufkommen. Hier dürfen Fragen sein. Das Selbstverständliche ist wieder Rätsel. Hier ist exakt gemalt. Aber nichts fixiert. Hier hängen Bilder. Aber es ist kein Bildnis gemacht. Weder von Gott noch von mir. Träume dürfen sein. Fragen statt Antworten. Bilder wie diese von Hermann Buß können mich in einer Welt der Bildermacher daran erinnern: Du sollst dir kein Bildnis machen. Du sollst Gott nicht fixieren wollen. Er ist frei. Und er will dich frei.

Wir sehen, was wir sehen. Was willst du hören?

Ein alter Freund ist gekommen. Wir schauen uns die neu geweihte Klosterkirche in Loccum an. 850-jähriges Jubiläum feiert das Kloster in diesem Jahr. Saniert wurde die Kirche, schön ist sie geworden. Warm die Farben und Lichter, weit der Blick. – Gleich neben der Klosterkirche im Kreuzgang liegt die Johanneskapelle. Es ist die alte Vorbereitungskapelle. Zur Buße vor dem Sonntag wurde sie angelegt. Zum großen Jubiläum des Hauses hat sie Bilder bekommen. Hermann Buß, der zeitgenössische Künstler aus Norden, hat sie gemalt. Vier Bilder, die der alten Kapelle ein neues Gewand geben. Die Bilder passen in die Bögen der Kapelle, als hätte sie Jahrhunderte nur auf sie gewartet. Moderne Malerei. Berührend. Rätselhaft. Erhellend. Es ist immer Neues darauf zu entdecken.

Ich schaue meinen alten Freund gespannt an. Er sieht die Bilder zum ersten Mal, er sieht meinen Blick: „Was willst du hören, Christian?" – Ich weiß nicht. Viele, die aus der Kapelle kommen, fragen, was sie denn sehen sollen. Aber die Frage führt in der Kunst ins Leere. Im Glauben auch. Wir sehen, was wir sehen. Gleich auf dem ersten Bild links etwa: Ein freies, einzelnes Mauerstück vor einem Türbogen. Eine Platte. Sie erinnert an ein Reststück der Berliner Mauer. Als ob es jemand vor die Türöffnung geschoben hat. An diesem Mauerstück angelehnt ein Mann. Wir sehen seinen Rücken. Und wie er den Kopf auf den Arm an die Mauer legt. Klagt er? Sucht er Halt? Der Freund wendet sich mir zu: „Was macht der Mann da?" Ich zucke die Schultern. „Was meinst Du, was Menschen den Zugang zur Kirche versperrt?" – „Ach komm", sagt er, „das ist zu flach. Das ist eine alte Bußkapelle hier. Der Raum stellt uns in Frage. Was hindert uns im

Glauben? Wer räumt weg, was uns von Gott trennt?" – Hm. Ist es so gemeint? Wir stellen uns beide vor das Bild, ahmen die Bewegung des Mannes nach. Dabei schauen wir nach unten – und machen eine Entdeckung. Auf dem Bild winden sich Sandkurven um das Mauerstück, geformt von Wasser. „Ströme lebendigen Wassers", sagt der Freund. „Siehst du die?" Wer von dem Wasser trinkt, das ich gebe, sagt Jesus, der hat keinen Durst mehr. Der Freund grinst. Er weiß, die Ströme lebendigen Wassers sind in diesem Moment seinem Blick entsprungen. „Wie lange sind wir schon hier und reden über die Bilder? Da ist eine Mauer vor der Tür. Und uns gehen die Augen auf. Das ist das, was ich sehe", sagt der Freund und lächelt.

■ Andacht IV

Lünette – Halbmond schöner Rätsel

Kleine Monde findet man in der Loccumer Johanneskapelle. Die hat Hermann Buß, der zeitgenössische Maler aus Norden/Norddeich gemalt. „Kleine Monde" – das sind vier großflächige Bilder, genauer gesagt: Halbkreisförmig gerahmte Wandfelder. Das Format heißt Lünette – „kleiner Mond". Auf den ersten Blick sieht man darauf alles andere als Mondlandschaften. Vertrautes kann ich erkennen, etwa die Ruinenreste der Luccaburg. Die sind in der Nähe des heutigen Klosters Loccum zu finden. Ein Graf hatte einst vor 850 Jahren dem Zisterzienserorden Land gestiftet – dieser Graf hatte wohl hier seine Fluchtburg. Den Burgruinenrest hat Hermann Buß gut sichtbar ins Bild gesetzt. Man kann sogar die alte Inschrift auf dem steinernen Portal lesen. Real erscheint das alles, allerdings nur auf den ersten Blick, auf den zweiten und dritten wird es surreal. Denn: Die Ruinenreste der Luccaburg auf dem Bild des Malers Hermann Buß schwimmen in einem riesig wirkenden Meer. Oder ragen sie aus diesem Meer heraus wie ein Fels in der Brandung? Im Ruinenrest der Burg innen schimmert es grün. Eine Wasserwiese? Die Andeutung einer Aue mitten im Fels im Meer? Ein Sehnsuchtsort. – Im Vordergrund des Bildes entdecke ich ein Floß aus Stein. Darauf ein Berg großer Felsbrocken. Auf einem steinernen Floß. Wie geht das denn – möchte man neudeutsch ausrufen. Auf der anderen Seite des Floßes zwei Ruder, die wie verlassen über Kreuz liegen.

Das Bild in seiner Mischung aus Realem und Unwirklichem trägt mich davon. Ich steige innerlich mit ins Wasser, setze mich auf die Steinreste. Die Wurzeln des Ortes, die da als grüne Ruine aufragen, werden sie noch gehalten? Schwimmt uns der Anfang von allem davon? Oder voraus? Was trägt mich, wenn ich es selbst nicht kann, ja nicht mal dieses Floß es können dürfte? Das Bild in der Loccumer Johanneskapelle entzieht mir die Lust an eindeutigen, allzu einfachen Sätzen. Es grünt vielmehr eine diebische Freude am Fragen. Auch die Ruder auf dem Bild durchkreuzen alle bloßen Formeln. Dass der Künstler Hermann Buß die Ruder in den Vordergrund gemalt hat, dass sie da liegen wie ein Kreuz – nur so? Oder Grund aller Sehnsucht? Ach, Du kleiner Mond, du Lünette schöner Rätsel.

■ Andacht V

Drei Raben

Drei Raben, vorne links. Sie fallen nicht sofort ins Auge, aber wenn man sie erst mal gesehen hat, kann man den Blick nicht mehr von ihnen lassen. Drei Raben hat Hermann Buß auf das große Bild mit der Lucca-Burg im Meer gemalt. Die Ruine der alten Burg schwimmt scheinbar im Wasser und erinnert an die Anfänge des Klosters Loccum. Dort sind die Bilder des zeitgenössischen Malers Hermann Buß zu sehen.

Vorne links drei Raben am Fuß der Burgruine. Die Raben bilden so etwas wie die lebendige Gemeinschaft auf dem Bild. Sie krähen, picken, schütteln ihr Gefieder. Was machen sie da am Rande der Ruine? Drei Raben – in der Mythologie weist der Rabe zuweilen als weiser Vogel den Weg, dann wieder gilt er als böses Tier, weil er in der Nähe von Sterbenden gesehen wird. Galgenvogel. Die mythologische Sprache bleibt uneindeutig.

Anders die biblischen Geschichten. Drei prominente Stellen erzählen von Raben. Am Ende der Sintflut lässt Noah als erstes einen Raben Ausschau halten, ob das Wasser schon wieder zurückgeht. Später ist es der große Prophet Elia, der auf seiner Flucht von Raben genährt wird. Gott hat ihnen geboten, dass sie Elia versorgen sollen, so heißt es da – „und die Raben brachten Elia Brot und Fleisch des Morgens und des Abends". Vögel des Lebens also sind sie in der Bibel, Vögel, die am Leben halten, weil Gott es geboten hat. Bei Lukas im Evangelium predigt Jesus auf dem Felde: Seht die Raben an: sie säen nicht, sie ernten nicht, sie haben auch keinen Keller und keine Scheune. Und Gott ernährt sie doch.

Die Raben als Boten des Gottvertrauens. So bekommen sie für mich Sinn, wie sie da sitzen auf dem Bild von Hermann Buß am Fuß der Ruine, inmitten von Wasser, das so unendlich wirkt wie nach der Sintflut. Die Raben erzählen – pickend, Gefieder schüttelnd, krächzend – erzählen davon, dass das Leben auch in den Ruinen weitergeht, dass Gott genau dies will.

Auf dem Bild erscheinen die drei Raben auf den ersten Blick eher wie eine Fußnote – was der Maler Buß damit verbunden hat, weiß ich nicht. Aber wir sehen, was wir sehen. Und für mich rücken die

Raben die Ruinen des Lebens und ihren Weg zu neuen Ufern ins rechte Licht: Gott hat geboten, dass er Dich versorge. Dass das Leben bleibt.

■ Andacht VI

Vor die Augen können wir wohl malen

Diese Menschen sind allein. Auf den großflächigen Bildern, die der norddeutsche Künstler Hermann Buß für die Johanneskapelle im Kloster Loccum gemalt hat, fallen die Menschen auf, weil und wie sie allein sind. Da steht einer vor der Mauer. Er scheint verlassen, ratlos, denn die Mauer verstellt das Eingangsportal zur Kirche. Dieser Mensch ringt, so scheint es, sinnbildlich mit einem alten Widerspruch: einerseits die geschlossene Klosterklausur und andererseits das alte klösterliche Leitmotto: die Tür steht offen, das Herz noch mehr. Auf einem weiteren Bild in der Johanneskapelle ist da einer, der eine ganze Gruppe von Menschen ziehen lässt. Die Gruppe, Kinder und Erwachsene, gehen an der Mauerfront der Klosterkirche entlang, doch dieser eine bleibt auf Abstand – fragend? Suchend? Sein Blick geht hinterher. Wird er folgen? Sucht er seinen eigenen Weg?

Die Menschen auf diesen Bildern von Hermann Buß sind oder bleiben allein. Darin steckt für mich eine große Sehnsucht, Sehnsucht nach Gemeinschaft, wie sie Orte wie Kloster und Kapelle doch verheißen. Im Fürsichsein steckt allerdings auch eine religiöse, ja existenzielle Wahrheit. Für sich steht einer vor seinem Leben und seinem Glauben – hier verschlossen das Haus, dort offen die Zukunft, hier versperrt die Tür, dort unendlich der Himmel. Jeder Mensch ist am Ende einzeln geworfen in die Welt, verantwortlich vor sich selbst.

Das ist seine Existenz. „In die Ohren können wir wohl schreien, aber ein jeder muss für sich selbst geschickt sein in der Zeit des Todes", sagt Martin Luther in einer Predigt und umreißt so die Situation des Glaubenden. Gottes Wort will als Stimme des Lebens stärker sein als der Tod – in die Ohren jedes Einzelnen mag das in der Predigt gerufen, geflüstert, auch geschrieen werden. Von den Ohren zum Herzen kann nur der Heilige Geist die Worte tragen. Kein Wort kann zwingen. Der Angeredete bleibt frei. Die Menschen auf den Bildern von Hermann Buß, so einzeln sie daherkommen oder zurückbleiben, sie verkörpern für mich diese Freiheit. Für sich. Vor Gott. Mit Luther könnte man sagen: Vor die Augen können wir diese Freiheit wohl malen, groß und faszinierend. Von den Augen zum Herzen kann nur der Heilige Geist diese Freiheit tragen.

■ Andacht VII

Bußkapelle

Die Reformation war im Ursprung eine Bußbewegung. Die erste der berühmten 95 Thesen Martin Luthers lautet: Da unser Herr und Meister Jesus Christus spricht: Tut Buße, hat er gewollt, dass das ganze Leben der Gläubigen Buße sei. Buße – das ist die Umkehr oder Rückkehr zu Gott, die Hinwendung zu seinem Wort. Evangelischer Glaube ist stets auch Bußbewegung – nicht als falsch verstandene Selbstzerknirschung, als Zutrauen, dass es am Ende Gott ist, der sich uns zuwendet, ja der uns zu sich wendet.

Die Johanneskapelle im Kloster Loccum ist eine alte Buß- und Beichtkapelle. Ein Raum für höchstens 40 bis 50 Personen, gleich neben der

großen Kirche. Architektonisch sinnbildlich ist diese Kapelle die enge Pforte, durch die der Weg zu Gott führt.

Hermann Buß, Künstler aus Norden, hat zum 850-jährigen Jubiläum des Klosters Loccum Bilder für diese Kapelle gemalt. Großflächig, die Seitenbögen der Kapelle füllend, vier an der Zahl. Buße, Umkehr, Lebenswende lassen die Bilder erahnen. Ein Mensch steht vor einer unwirklich versperrten Tür des Klosters. Er verbirgt sein Gesicht. Er lehnt klagend an der Mauer. Auf einem anderen der Bilder ragt eine Burgruine aus einem schier endlosen Meer. Die Grundmauern des Anfangs umspült von einem Meer der Schuld? Schließlich, auf einem dritten der Bilder: ein Mensch geht, elf leere Stühle bleiben zurück. Wir sehen nur den Rücken des Menschen. Vor ihm die Weite dessen, der sich neu aufmacht. Lebenswende und Umkehr lassen die Bilder ahnen, bewusst uneindeutig, verstörend, berührend. So eröffnen sie das Gespräch des Betrachters mit sich selbst. Mit seiner Last, die er mitbringt und klagt. Mit seiner Frage, wohin der Weg des Lebens führt. Auf einem der Bilder geht ein Mensch über das Wasser in die Weite. Das Wasser scheint zugefroren. Darunter allerdings brodelt es. Wird das Eis tragen? Auf dem Bild mit der Burgruine füllt das Meer die Weite bis zum Horizont.

Buße führt an den Anfang zurück, Buße erinnert an die Taufe. Wie wir eingetaucht wurden ins Wasser, so wendet Gott unser Leben. Das Alte stirbt, das Neue wird. Der Glaube ist eine Bußbewegung, in der die Enge des Todes von Gott überwunden wird. So gehen wir durch die enge Pforte der Kapellentür. Wir tauchen in Bilder, die uns befragen. Wir lauschen auf Gottes Wort. Tut Buße, sagt Johannes der Täufer, nach dem die Kapelle benannt ist. Siehst Du, wie das Leben gewendet wird – hinein in die Weite von Meer und Himmel?, fragen mich die Bilder von Hermann Buß an diesem Ort.

Radioandachten I bis VI gesendet für NDR Kultur/NDR Info,
Redaktion: „Evangelische Kirche im NDR", Januar 2013

Ein paar Gedanken zu dem Bilderzyklus in der Johanneskapelle

■ Hermann Buß

Mein Bestreben ist es weder, den Raum dekorativ aufzuwerten und eine erbauliche Heimeligkeit zu erzeugen, noch will ich einschlägige Botschaften vermitteln.

Der Maler ist kein Verkünder.

Vielmehr sollen die Bilder Einladung sein zu erkennen.

Sie sollen Anstoß geben, sollen irritierende und motivierende Projektionsfläche sein: als Fragensteller, Fragenauslöser, Fragenfinder.

Im schönsten Fall kommt der Betrachter auf „ganz neue Gedanken". Nie gibt es für das Verständnis eines Bildes nur den einen gültigen „Schlüssel". Jeder Betrachter sollte seinen eigenen Zugang finden. Mein Rat an ihn lautet: Nicht so sehr *über* die Bilder nachdenken (oder gar nach den Intentionen des Malers fragen!), sondern *mit* ihnen nachdenken.

Ich setze auf das Bild als Spiegel der Selbstreflexion. „Kunst soll zuwege bringen, dass uns die Augen aufgehen". Das sagt Ingeborg Bachmann.

Die Wirkung eines Bildes auf den Betrachter erfolgt eigentlich durch Beiläufiges. So hat Bildrezeption – ohnehin eine höchst subjektive Angelegenheit – immer etwas Unvorhersehbares. Wer in diesen Bildern an diesem Ort irritiert die christlich-religiösen Bezüge zunächst vermisst: Er kann sie finden – wenn er danach sucht und über den „passenden Schlüssel" verfügt. Aber diese drängen sich nicht auf, und deren Dekodierung ist nicht unbedingte Voraussetzung für die Bildrezeption.

Sie sind nicht einmal vom Maler – gleichsam als ein Geheimcode – gezielt eingearbeitet. Oft entdecke ich sie auch erst im Nachhinein, mit distanziertem Blick von außen und bin dann nicht selten überrascht. (Ein Bild weiß in der Tat oft mehr als sein Maler …).

Kulturschaffende schöpfen offenbar auch unbewusst aus dem verinnerlichten Bilderfundus des Kulturraums, aus dem sie hervorgegangen sind.

Ein Maler kann in seiner Zeit nicht immer epigonenhaft z.B. das Archiv unserer abendländisch-christlichen Kulturgeschichte nach den immergleichen Bildmustern durchwühlen. Derart abgenutzt und trivialisiert ist von deren ursprünglicher Substanz dann nichts mehr übrig. Nötig ist eine verwandelte, uns heute angehende, uns betreffende Ikonografie. (Diese Zeit reflektieren meint jedoch keineswegs, den Zeit*geist* zu bedienen – eher diesen zu hinterfragen.)

Wenn es dem Maler gelingt,

- in seiner Zeit Bilderwelten zu finden, die über eine imaginäre Kraft verfügen und in denen unterschiedlichste Betrachter einen assoziativen Zugang finden können,

- dass diese Bilder Gedanken – gar Nachdenken „über das Leben" auslösen können,

- dass seine Bilder aber ebenso für den, der Signale im Bild nicht braucht, – „ganz ohne tiefe Hintergedanken" – ein kontemplatives und meditatives *Eintauchen* zulassen,

- dass schließlich die Bilder im Innersten unerklärbar und nie endgültig ausdeutbar sind, damit sie sich nicht erschöpfen,

dann wäre seine Aufgabe erfüllt.

Meine Bilderwelt ist ganz und gar nicht spektakulär, eher alltäglich. Sie handelt nur davon, was Menschsein, was Leben heißt.

„Religion und Kunst geht es doch schließlich nur um den Sinn des Lebens." So sieht es der Theatermann Luc Parsival.

Meine Bilder zeigen Grundkonstellationen menschlichen Lebens, keine illustrierten Kommentare zum Zeitgeschehen.

Allerdings kann der Betrachter durchaus assoziativ Erfahrungen seiner Zeit in den Bildinhalten perzipieren.

Wenn Leben Unterwegssein ist, heißt das auch, dass der Mensch sich immer wieder neu orten und neu orientieren muss: Er hält inne, er bricht auf, er stößt auf Mauern, äußere wie innere. Mauern und Wege sind die ständigen Lebensbegleiter. Beide sind auch die Schlüsselmotive dieser vier Bilder.

Ich wähle gern identifizierbare Örtlichkeiten als Kulissen, in denen „Menschen wie du und ich" agieren.

Einzelfiguren in Rückenansicht erleichtern die Identifikation. Sie sind so keine anderen, sondern (wie) wir.

Meine Menschen sind, wenn sie nicht gerade innehalten, fast immer Fortgehende oder Vorübergehende.

Oft sind sie in Gruppen unterwegs. Dann hat es den Anschein, als seien sie weniger auf der Suche nach sich selbst – eher Mitgetriebene. Einfach nur, um „dabei" zu sein, so als hätten sie ihren eigenen Weg aus den Augen verloren.

Andrej Stasiuk nennt das die „ewige tote Betriebsamkeit" des permanenten Unterwegsseins. Die essenzielle Notwendigkeit des In-Bewegung-Seins meint nicht haltlose Hatz, was Keri Hulme zu der Klage verleitet: „Ich seufze: Veränderung, Veränderung, Veränderung. Wo ist Verlässlichkeit? Wo ist der Fels?"

Um innerlich, geistig voranzukommen bedarf es immer mal wieder des Einhaltens und auch der Absonderung.

Beim Hinausgehen aus der Kapelle passiert der Betrachter links die Lucca-Burg, diese Keimzelle des Ortes Loccum. Hier aber nicht vertraut im benachbarten Forst, sondern erhaben als Insel.

Umgibt man einen Ort mit reichlich Wasser, wird er plötzlich zu einem Projektionsort für unsere Sehnsüchte; fehlt nur noch das geeignete Gefährt für die Überfahrt dorthin – die ewig alte Illusion, nach Utopia zu gelangen.

Heute kommt zusätzlich desillusionierend noch hinzu, dass wir, die wir dieses Sehnen auch noch in uns tragen, sehr wohl wissen: In unserer entzauberten Welt mit ihrem globalisierten Massentourismus sind wir dieser Traummöglichkeit beraubt worden.

Und wir wissen auch, dass an anderen Orten sie auch am Wassersaum stehen – angetrieben von *ihren* Träumen – und sich übers Meer sehnen.

◼

Biografie Hermann Buß

1951 geboren in Neermoor-Kolonie

Nach dem Abitur Studium an der Universität Oldenburg,
mit dem Schwerpunkt Kunstpädagogik

Zwischenzeitlich zur See gefahren

Lebt seit 1976 in Norden

1985 Schwalenberg-Stipendium des Landesverbandes
Westfalen-Lippe

Seit 1978 zahlreiche Ausstellungen

Altarbilder | Plakatgestaltung

- 1990 Altarretabel für die Inselkirche Langeoog

- 1992 Plakat für Evang. Missionswerk Deutschland
  „1492-1992 Was gibt es zu feiern?"

- 1994 Plakat für Evang. Missionswerk Deutschland
  „Wie im Himmel, so auf Erden"

- 1997 Altarretabel für die romanische Kirche in Ardorf

- 1998 Altarretabel für die klassizistische Kirche in Warzen

- 2005 Altarretabel für die St.-Briccius-Kirche in Adenstedt

- 2006 Bilderreihe für den Kanzelkorb der Klosterkirche in
  Oldenstadt/Uelzen

Autoren

Hermann Buß,
Maler, Norden (ab 2013 Leer)

Hans Werner Dannowski,
Stadtsuperintendent i.R., Hannover

Arend de Vries,
Geistlicher Vizepräsident des Landeskirchenamtes Hannover
und Prior des Konvents des Klosters Loccum

Dr. Julia Helmke,
Pastorin, Beauftragte für Kunst und Kultur,
Haus kirchlicher Dienste, Hannover

D. Horst Hirschler,
Abt zu Loccum, Landesbischof i.R.

Prof. Dr. Bernd Wolfgang Lindemann,
Direktor Gemäldegalerie Berlin

Imke Schwarz,
Pastorin in Hittfeld/Seevetal

Dr. Christian Stäblein,
Pastor, Konventual-Studiendirektor, Loccum

Unterstützer & Sponsoren

Die Gestaltung der Johanneskapelle wurde unterstützt von:

**Versicherer im
Raum der Kirchen**

Bruderhilfe · Pax · Familienfürsorge

Mensch, Deine Bank!

EVANGELISCHE
KREDITGENOSSENSCHAFT eG
Partner von Kirche und Diakonie

Freunde des Klosters Loccum

**EVANGELISCH-LUTHERISCHE
LANDESKIRCHE HANNOVERS**

Das Kunstreferat